AF254098

F. BOUSSENOT

LES
LÉGENDES POLITIQUES

LEUR INFLUENCE

SUR L'IMAGINATION DU PEUPLE FRANÇAIS

PARIS

LIBRAIRIE D'AMYOT, ÉDITEUR

8, RUE DE LA PAIX, 8

1872

LES

LÉGENDES POLITIQUES

F. BOUSSENOT

LES
LÉGENDES POLITIQUES

LEUR INFLUENCE

SUR L'IMAGINATION DU PEUPLE FRANÇAIS

PARIS
LIBRAIRIE D'AMYOT, ÉDITEUR
8, RUE DE LA PAIX, 8

1872

LES
LÉGENDES POLITIQUES

Le moment est peut-être mal choisi pour venir apporter sa pierre à la digue que les honnêtes gens s'efforcent d'élever entre eux et le flot montant du socialisme et du radicalisme, dont les progrès effrayants viennent de s'affirmer par une des plus épouvantables catastrophes qu'ait pu contempler notre génération.

Tant de plumes éloquentes et plus autorisées ont tenté de rechercher la cause de ces funestes événements, et d'indiquer un remède à notre situation sociale, que j'ai peu de chances d'attirer sur ces pages l'attention d'un public saturé de récriminations et de projets de réforme. Lorsque les hommes les plus illustres de la presse et du barreau nous ont, dans un langage admirable, reproché nos fautes et enseigné nos devoirs, c'est présomption d'aborder un pareil sujet; et, si je l'ose, c'est que ma conviction est qu'en ce moment, du petit au grand, chacun se doit à la lutte, sans consulter ses forces, mais en considérant seulement le but.

A d'autres le soin de rejeter sur quelques hommes ou sur un seul le poids d'une responsabilité trop lourde, et de chercher dans l'avilissement de leurs adversaires une considération qu'ils n'ont pas su acquérir par leurs propres actes; ceci est la comédie de l'histoire, et la vie privée du monarque tombé est le premier débris que l'on jette en pâture au peuple souverain, après chaque révolution.

Ayons le cœur plus haut et l'esprit mieux placé, et puisons dans un examen sévère de nos actes le courage de notre honte et la franchise de nos défaillances. S'il en était autrement, on aurait le droit de nous jeter à la face ce que l'illustre bâtonnier des avocats, Me Rousse, nous a dit dans un discours aussi irréprochable par la forme que par l'élévation des idées : « Une nation qui périrait par la faute d'un seul homme mériterait de ne se relever jamais. »

Je n'ai pas la prétention d'analyser l'esprit du peuple français et de dégager de chacun de ses éléments, bons ou mauvais, les causes apparentes et latentes de nos désastres; des volumes entiers ne suffiraient pas à une telle besogne.

Je veux le considérer seulement sous une de ses formes les plus séduisantes et les plus funestes, à mon avis, celle qui, de tout temps, l'a poussé aux dévouements les plus sublimes comme aux crimes les plus horribles, et qui lui a assuré, entre tous les peuples, cette supériorité éclatante et indiscutable que donne seul le rayonnement de l'intelligence : je veux parler de l'imagination.

Certes, on ne peut nier que l'imagination ne soit une de nos qualités principales, et cela depuis les temps les plus reculés. Je n'en prendrai pour exemple, entre mille, que la facilité avec laquelle, au moyen âge, on entraînait en Palestine ces foules fanatisées par la parole d'un moine, et qu'on nommait les Croisés. La France en fournissait toujours la plus grande partie, et les deux dernières croisades ont été entreprises par les Français seuls, sous le commandement d'un de leurs rois. Je ne suivrai pas à travers l'histoire le développement de ce côté du caractère français; je veux seulement établir que l'on peut attribuer à son influence dominante ces brusques revirements des masses, ces soubresauts de l'opinion publique, ces engouements irréfléchis et ces haines aveugles qui, depuis quatre-vingts ans, traînent notre malheureux pays de révolution en révolution, pour le faire aboutir à une orgie de dictatures.

Aujourd'hui chacun des partis qui ont tour à tour occupé la scène politique a sa légende, et, lorsqu'il a dû saisir le pouvoir, il s'est efforcé de griser les masses de ses souvenirs plus ou moins glorieux pour le pays, et d'entourer d'une auréole triomphante le nom de celui ou de ceux qui pouvaient impressionner les esprits dans le sens le plus favorable à sa cause.

Pour les républicains, c'est la légende de la révolution, et comme ce parti est un de ceux qui se subdivisent le plus, il faut encore distinguer entre les souvenirs révolutionnaires, pour attribuer les uns aux modérés, les autres aux radicaux, quelques-uns même aux séides de la Commune.

Pour les premiers, c'est 89; ce sont les libertés conquises sur les ruines de la féodalité agonisante et déjà frappée à mort par l'incapacité de ses chefs; c'est le serment du Jeu de Paume; c'est Mirabeau bravant les baïonnettes royales pour accomplir ses devoirs de représentant de la nation; plus tard même, ce sont les Girondins ne reculant pas devant la mort d'un innocent, fût-il roi, pour assurer à jamais le règne de la liberté, puis emportés par le flot qu'ils ont voulu dominer, et mourant héroïquement pour leur foi républicaine, sous l'effort des passions qu'ils ont pu allumer, mais que d'autres plus hardis ou plus criminels ont su détourner à leur profit. Ce sont alors ces derniers qui deviennent légendaires pour les radicaux; c'est Danton, ce vieux lion des faubourgs qui, à la veille de monter à l'échafaud, fait encore trembler Robespierre; c'est Camille Desmoulins, cet émeutier sentimental qui du feuillage printanier faisait la cocarde de l'insurrection; enfin c'est Robespierre, Couthon, Saint-Just, trio lugubre placé au sommet de cet échafaudage de folies sublimes et de crimes éternellement exécrables, comme pour en marquer l'apogée; dictateurs sanguinaires, ambitieux insatiables, dont les actes sont la négation de la liberté, et qui, pour cela peut-être, demeurent les pontifes inviolables que glorifient perpétuellement ceux-là même qui demandent le plus haut la liberté. Plus bas, les hommes de la Commune trouveraient encore leur héros dans la personne de Marat, ce monstre qui mourut de la main d'une femme après avoir demandé la tête de tant d'hommes; Vermesch écrirait peut-être une ode à Hébert, l'insulteur de la reine, le père de cette littérature qui ne vit que de flatteries abjectes et de calomnies anonymes, et nous avons pu voir à l'œuvre Raoul Rigault, cette sinistre caricature de Fouquier-Tinville.

Enfin, pour tous la légende s'élargit et devient une épopée grandiose lorsqu'il s'agit des armées de la République. Nous savons ce que nous a coûté la réédition de ces pages glorieuses et le parti qu'en a tiré le dictateur de Bordeaux pour la rédaction de ses pompeuses élucubrations.

Le souvenir des Hoche, des Kléber, des Moreau, des Masséna et des Bonaparte nous a valu les généraux de M. Gambetta et Garibaldi; et si l'on a retrouvé la misère des bataillons de Sambre-et-Meuse, ce n'est que pour mieux faire sentir que l'on manquait d'un Carnot.

Ceci nous amène naturellement à parler de la légende napoléonienne, celle dont les progrès ont été les plus visibles, parce qu'ici l'intérêt, au lieu de se répartir sur plusieurs individus, se concentrait sur un seul homme, dont le nom était synonyme de puissance et de gloire, et dont le génie était indiscutable. C'est là que se montre réelle-

ment l'influence de l'imagination sur ce peuple impres-
sionnable. Au lendemain d'une invasion, après une suite
de guerres qui lui ont coûté le plus pur de son sang et
qui l'ont épuisée jusqu'à son dernier sou pour satisfaire
l'ambition personnelle d'un seul homme, la France entière
se soulève électrisée par le prestige du nom de Napoléon;
elle renonce au bénéfice d'une paix honorable et d'une
liberté modérée que lui offrait le descendant de ses rois
légitimes, et, à la voix de son empereur, se précipite de
nouveau au devant de l'Europe coalisée qui se rue sur
elle.

Qu'y a-t-il d'extraordinaire à ce que, quarante ans plus
tard, un héritier des Bonaparte, en venant réveiller ces
souvenirs à peine assoupis, ait déterminé en sa faveur une
manifestation imposante de la nation effrayée par la se-
cousse sociale dont elle redoutait l'issue? Je ne doute pas
que bien des gens n'aient été étonnés de voir arriver au
pouvoir un jeune homme inconnu jusqu'alors et que des
tentatives malheureuses avaient plutôt dépopularisé; mais
de là à prétendre que le suffrage du peuple ait été surpris,
il y a loin, et c'est commettre une exagération de parti
pris que d'interpréter ainsi les événements.

Que l'on se rende compte de la défiance et du dégoût
qu'inspirait la République, que l'on apprécie en outre
l'habile emploi qui a été fait de la légende napoléonienne,
et l'on comprendra le succès inévitable du vote du 10 décembre. S'il y a eu complot le 2 décembre, et si ce com-

plot a réussi, c'est que la nation entière, et surtout le parti conservateur, en était un peu complice, et le bon peuple qui, à cette époque, est descendu dans la rue, était proche parent de celui qui, au 18 mars, organisait et préparait la Commune. D'ailleurs, au 2 Décembre comme au 18 Brumaire, les Jacobins et les Radicaux n'ont-ils pas fait l'Empire, en rendant une dictature nécessaire par leurs excès dans le passé et leurs menaces pour l'avenir. Lorsqu'on relit le récit de ces journées dramatiques, on retrouve les mêmes causes qui ont fait demander la fin de l'état de choses existant et tolérer la violation de la Représentation nationale. On reconnaît involontairement que les paroles que Lucien Bonaparte prononçait devant le conseil des Cinq-Cents, le 19 brumaire, n'ont cessé de s'adresser à ceux qui, maintenant encore, continuent les traditions du jacobinisme. Ne croirait-on pas, en effet, entendre parler un membre de la droite actuelle : « Achevons de peindre au monde épouvanté la hideuse physionomie de ces enfants de la Terreur...... Pendant que votre commission travaille au salut de la patrie, permettez-moi de vous entretenir, pour la dernière fois, de ceux qui avaient juré sa perte. Ils répétaient sans cesse les mots d'attentat à la Constitution, de serments violés. Eux qui, lorsqu'il faut donner au peuple français le bonheur et la paix, affectent tant de scrupules politiques, que faisaient-ils, que disaient-ils, il y a quelques mois? Avaient-ils alors oublié leurs ser-

ments, lorsque, conspirant dans les ténèbres, ils appelaient la discorde et l'épouvante dans le sein de la patrie,
et qu'ils vous désignaient tous les hommes généreux à la
proscription? Croyaient-ils que nous ayons oublié, que la
France ait oublié ces jours de deuil, où la terreur gra-
vitait de nouveau sur l'horizon menaçant? Croyaient-ils
que nous ayons oublié leurs projets de convention, de
comité de salut public, de carnage et d'effroi? Qu'avaient-
ils fait alors de leurs serments? Répondez : le peuple
français nous écoute, et puisqu'ils osent se parer du
masque de la vertu, je veux le leur arracher dans ce jour
et livrer à la France épouvantée ces figures hideuses, en-
sanglantées, livides encore des projets de destructions
anéantis par notre courage. » Je ne veux pas, en citant
ces lignes de l'apologiste du 18 Brumaire, faire un titre
de gloire au général Bonaparte de son coup d'État: j'ai
blâmé et je blâmerai toujours toute violation des lois;
mais il faut reconnaître que le gouvernement du Directoire, quoiqu'empreint d'un caractère moins odieux que
celui qui l'avait précédé, était loin d'avoir donné satisfaction aux aspirations du pays. Toutes les lois sanguinaires du Comité de salut public contre les émigrés et
sur les otages continuaient d'être appliquées, et, quelques
jours avant le 18 brumaire, le *Moniteur* contenait encore
une note ainsi conçue : « Henri Rohan-Rochefort, ci-
« devant prince de ce nom, a été condamné à la peine de
« mort, le 28 vendémiaire, par la commission militaire

« séant à Grenoble. Il avait été arrêté à Chambéry comme
« émigré. Il est mort avec beaucoup de courage. Il n'avait
« que vingt et un ans. » Qu'on ne vienne donc pas dire que
le Directoire était une période d'apaisement dont Bonaparte a profité pour arriver au pouvoir. Les conseils des
Anciens et des Cinq-Cents renfermaient encore dans leur
sein le germe d'une nouvelle Terreur Le pays le savait;
il désirait profondément le repos et la tranquillité, et c'est
pour cela qu'il a accepté le bras d'un dictateur dont il
avait pu apprécier les talents et l'énergie. C'est pour le
charger de balayer les derniers vestiges de la Convention
et de la Terreur qu'il l'a absous de son crime et a salué
comme une aurore nouvelle les premières mesures de
concorde et d'humanité dont le futur empereur s'est fait
le promoteur. (Abrogation de la loi du 24 messidor sur les
otages.)

« On peut apprécier le changement survenu dans les
« esprits par le mouvement prodigieux des fonds publics.
« (Les 5 p. 100, avilis au dernier degré et cotés à 6 fr.,
« montèrent en peu de jours à 30 fr. [1]. »

Au 2 Décembre le pays éprouvait peut-être encore plus
de lassitude, car il n'avait pas, pour compenser la répu-
gnance que lui inspiraient les hommes de 48, les souvenirs
imposants qui l'attachaient aux hommes de 93. Il avait vu
à l'œuvre les Ledru-Rollin, les Louis Blanc, les Caussidière,

---

1. *Mémoires du duc de Raguse.*

et son imagination désillusionnée cherchait un nouvel aliment; on lui offrit l'Empire.

En 1815 la légitimité a voulu, pour faire oublier les tristes circonstances qui lui avaient rendu le trône de France, avoir aussi sa tradition légendaire. Groupant autour des illustres victimes du Temple tous ceux qui étaient morts pour leur Dieu et leur roi sur les échafauds révolutionnaires et sur les champs de bataille de la Vendée, elle se fit une légende d'un caractère plus élevé, et qui, ayant pour base le respect et le dévouement désintéressé, a moins de chances de s'imposer aux masses. On retraça dans les termes les plus touchants les souffrances de ces martyrs qui s'appelaient Louis XVI, Marie-Antoinette, Madame Élisabeth, et qui payèrent si cher la gloire d'être nés d'un sang royal. On éleva un monument expiatoire à quelques mètres de la place où peu d'années avant tombait, aux applaudissements de la foule, la tête de celui qu'on nommait Louis Capet par dérision, et ce peuple en délire ne voyait pas qu'en donnant à sa victime le nom du plus ancien de ses aïeux, il réunissait sur sa tête ces siècles de puissance et de gloire dont la France s'enorgueillit encore et qui sont sa consolation dans ces temps d'épreuve et d'humiliation.

C'était avec une douloureuse indignation que l'on apprenait alors, dans tous leurs détails, les souffrances indicibles de l'enfant royal, les tortures physiques et morales auxquelles on l'avait condamné, et la mort misérable qui en avait été la conséquence. Cette mort avait été entourée de tant de mystère, que des aventuriers tentèrent à plusieurs reprises de tirer parti des sentiments universels de commisération qui s'étaient attachés à la personne du Dauphin, et essayèrent de se faire passer pour le fils de Louis XVI échappé miraculeusement du Temple. On compta jusqu'à sept de ces aventuriers. L'Amérique elle-même nous en fournit un exemple, car un missionnaire protestant, nommé Eléazar l'Iroquois, cherchant à exploiter à son profit cette légende de Louis XVII, aurait eu, vers 1841, une entrevue avec le prince de Joinville. Les procès de ces faux dauphins ont montré quel crédit avaient trouvé dans toutes les classes de la société ces souvenirs rétrospectifs et ces récits passionnés, puisque la plupart des accusés, et c'était là sans doute leur principal but, avaient une liste civile due à la générosité et à la bonne foi de leurs dupes.

Cet aperçu rapide de toutes les légendes dont on a tour à tour fait usage embrasse presque tous les gouvernements qui ont régi la France depuis un siècle. Un seul semblerait échapper à cette règle commune, qui consiste à s'appuyer au début, pour capter les suffrages, sur un souvenir glorieux, touchant ou terrible : c'est la monarchie de Juillet. Mais je prétends que ce gouvernement lui-même n'a dû son succès qu'à l'évocation des souvenirs républicains, et c'est sous les auspices du vieux La Fayette, cette personnification de la révolution de 1789, que le duc d'Orléans a été salué roi des Français. Un des principaux titres de Louis-Philippe à la faveur du peuple fut d'avoir combattu pour la République et à l'ombre du drapeau tricolore, à Valmy et à Jemmapes. La première proclamation que les députés réunis à l'hôtel Laffite firent placarder dans les rues de Paris n'envisageait qu'à ce point de vue sa candidature, parce que, à leur avis, c'était ce qui pouvait faire le plus d'impression sur l'imagination des Parisiens :

« Le duc d'Orléans est un prince dévoué à la cause de la révolution.

« Le duc d'Orléans ne s'est jamais battu contre nous.

« Le duc d'Orléans était à Jemmapes.

« Le duc d'Orléans a porté au feu les couleurs tricolores ; le duc d'Orléans peut seul les porter encore.

« Nous n'en voulons point d'autre. »

Le duc d'Orléans pouvait être un honnête homme et un homme capable, la question n'était pas là ; ces qualités ne suffisaient pas à ce moment pour surmonter les répugnances de la foule contre tout ce qui touchait de près ou de loin aux Bourbons. Ce qu'il fallait, c'est qu'il y eût dans la vie du prince un fait qui pût parler à l'imagination et entraîner les masses exaltées par la lutte, et l'on peut assurer que s'il n'avait pas été le général Égalité, Louis-Philippe n'eût jamais régné en France.

Si les gens qui dirigeaient le mouvement savaient exactement où ils allaient, ceux qui combattaient entrevoyaient un tout autre but que celui qu'ils allaient atteindre.

Plus tard, lorsque ce gouvernement sage et modéré fut renversé par un coup de main des démagogues, qui, trompés dans leurs espérances en 1830, n'avaient jamais pardonné au roi les dix-huit ans qu'il leur avait fallu attendre le pouvoir, on s'est fait une arme contre la dynastie déchue de la sagesse et de la prudence qui avaient distingué le règne de Louis-Philippe; on lui a reproché presque à l'égal d'un crime d'avoir préféré la paix et le bonheur de ses sujets à la satisfaction de l'amour-propre national!

Des écrivains de talent ont, dans chaque parti, puissamment contribué par leurs écrits au succès des légendes politiques. Je citerai, parmi les républicains, MM. Louis Blanc, de Lamartine et Victor Hugo; parmi les légitimistes, MM. de Beauchesne, Poujoulat et Mortimer-Ternaux; parmi les bonapartistes, MM. de Las-Cases et de Norvins. Cependant le plus beau monument élevé à la gloire de Napoléon Ier n'est pas l'œuvre d'un bonapartiste, car je ne crois pas que M. Thiers puisse être considéré comme un des défenseurs de l'Empire.

Il était dit que la dernière guerre nous amènerait comme un écho lointain de toutes ces légendes qui ont si profondément ému nos pères. Tandis que M. Gambetta évoquai le souvenir de Carnot et de Danton, MM. de Cathelineau et de Charette faisaient revivre, pour la défense du sol, ces volontaires de l'Ouest qui jadis triomphaient des vainqueurs de l'Europe et contre lesquels la République envoyait ses meilleurs généraux. A l'appel de ces deux hommes, dont le courage n'avait d'égal que le patriotisme, on a vu accourir les descendants de ces indomptables chouans, les fils de ces gentilshommes héroïques qui luttaient jusqu'à la mort pour une cause déjà désespérée, et l'on sait si les Vendéens de Cathelineau et les Zouaves de Charette ont marchandé leur sang à la République. '

Puissance de l'imagination, qui fait, à un siècle de distance, passer dans l'âme d'un peuple, dans des situations semblables, mais pour des causes diverses, les mêmes élans et les mêmes enthousiasmes, et qui, par les mêmes sentiments qui ont soutenu les pères, inspire aux fils ce dédain du danger et ce mépris de la mort qui feront toujours la force du soldat français, quelle que soit la destinée que l'avenir lui réserve !

Ceux qui jusqu'ici ont eu à gouverner le peuple français ont presque tous compris l'importance de ce levier politique, principalement dans les moments de crise. Les événements auxquels nous venons d'assister en sont l'exemple le plus frappant, par cela même que, dans cette suite de catastrophes, les espérances et les ambitions de tous les partis sont venues se heurter dans la bagarre, cherchant à tour de rôle les moyens les plus sûrs pour arriver au pouvoir ou pour s'y maintenir. C'est un spectacle curieux dans notre histoire qu'une guerre entreprise par un Napoléon s'inspirant des souvenirs d'Iéna et d'Auerstaëdt, et continuée sous la République à la voix d'un dictateur qui ruinait la France et la galvanisait par les souvenirs de la Convention, tandis que des généraux légitimistes levaient des troupes avec l'autorisation du gouvernement, au nom des principes que combattait cette même Convention !

Enfin, pour que tous les régimes fussent représentés dans ce chaos de lâchetés et de dévouements, d'ambitions satisfaites et de déboires immérités, d'espérances déçues et de fortunes inespérées, c'est un ancien ministre de Louis-Philippe qui, au début, avait cherché en vain à entraver le courant d'imagination déchaîné qui entraînait ce peuple à sa perte ; c'est ce vieillard de profond savoir et de froide raison qui était chargé par acclamation de conclure la paix et de purger le sol de ses envahisseurs.

Mais ces idoles que nous élevons tour à tour et que nous environnons de respect et d'amour ne tardent pas à ressentir les effets de cet esprit ardent, inquiet et mobile qui ne les a portées si haut que pour les faire tomber plus bas. Il semble que nous voulions d'autant plus avilir ceux qui succombent, que nous les avons aimés et vénérés au jour de leur gloire et de leur triomphe. C'est ainsi qu'à côté des pages les plus glorieuses de notre histoire se placent des faits inexplicables qui feraient croire à la lâcheté d'un peuple si, quelque temps avant, il n'avait étonné le monde par son héroïsme.

Ceux qui, dans ces jours de haine et de vengeance, se font une arme de la multitude, savent bien que les Français, dignes fils des Sicambres, n'ont pas perdu l'habitude de brûler ce qu'ils ont adoré ; ils n'ont pas oublié qu'une des grandes joies du peuple de Paris, depuis 1789, a toujours été de s'installer en maître dans les palais de ses rois, et de se venger par les plus odieux outrages de l'ascendant qu'a exercé sur lui la majesté royale.

Du jour où les pamphlets sont lus avec avidité, où les journaux d'opposition violente et systématique s'accroissent et lèvent la tête, on peut prévoir presque sûrement l'heure où le peuple s'en prendra au souverain et lui demandera compte de ses ovations et de ses enthousiasmes d'autrefois.

Que ce monarque s'appelle Louis XVI, Napoléon Ier, Charles X, Louis-Philippe ou Napoléon III, c'est ce même peuple qui se presse à son couronnement ou à son entrée triomphale en applaudissant au luxe dont on l'entoure, qui, plus tard, supputera avec indignation ce que ce même luxe lui a coûté.

Dans ces grands déchaînements de passions, le souverain n'est plus seul en péril; tout ce qui, pour une cause ou pour une autre, est revêtu d'un caractère sacré et respectable, subit les effets de ces réactions violentes, et comme ces insensés ne peuvent s'attaquer à Dieu, ils se vengent de leur impuissance sur ses ministres et sur les temples qui lui sont consacrés.

Puis, dès que le courant d'opinion qui a déterminé ces saturnales prend une autre direction, ou qu'un mouvemen d'indignation et de colère, armant le bras d'un vengeur de la société, fait succéder un peu de calme à ces crises devenues, hélas! si fréquentes, notre imagination s'exalte de nouveau autour des victimes, on n'a plus assez de larmes pour pleurer ceux que l'on n'a pas su protéger, et c'est à qui honorera les martyrs de l'ordre et de la foi. Cependant ceux qui obéissent aujourd'hui à ce noble et respectable enthousiasme ont cédé naguère, pour la plupart, au mouvement populaire que dirigeaient des hommes dont le seul secret a été de faire croire à l'émeute qu'elle était victorieuse, au parti de l'ordre qu'il était vaincu, laissant à l'imagination de chacun le soin d'achever leur œuvre et de leur donner raison.

L'antiquité nous montre souvent ses héros accomplissant au début de grandes et belles actions, mais à la fin de leur vie devenant cruels, défiants et impies. Bien des nations ont été comparées à ces mortels que les dieux se sont plu à combler de leurs faveurs, et qui, après avoir excité l'admiration de leurs contemporains au point de se voir élever des autels, ont, plus tard, par excès d'orgueil, employé pour le mal ces mêmes dons de la divinité. La France est en ce moment dans cette période où les qualités qui ont fait sa force et sa grandeur peuvent causer sa perte et la ruiner à jamais. Cet enthousiasme et cette ardeur pour tout ce qui est beau, grand et généreux ont été détournés au profit des vices les plus abjects et des appétits les plus grossiers; on a abusé de l'orgueil de quelques-uns et de l'ignorance de beaucoup pour inspirer des haines aveugles, pour diriger vers le mal ce qui, jusqu'ici, avait été tourné vers le bien ; on a détruit de glorieuses illusions pour y substituer des utopies malsaines et des rêves irréalisables ; et tous, comme pris de vertige, nous semblons nous efforcer de jeter la terreur et la défiance dans le pays déjà si bouleversé. Ceux que le savoir et l'intelligence devraient ramener à des idées plus saines et à des doctrines plus consolantes semblent prendre à cœur d'augmenter cette désorganisation matérielle et morale. Lorsque par hasard un honnête homme veut faire entendre la voix de la raison au milieu de ces esprits exaltés, on lui répond par des phrases creuses et sonores, ou par des considérations basées sur des sentiments dont la noblesse n'exclut pas l'insuffisance et l'inopportunité. Les deux manifestes du comte de Chambord sont la plus parfaite et la plus complète expression de cette classe d'arguments.

Il est temps de mettre un frein à cette débauche d'imagination dévoyée, qu'elle se traduise par des manifestes chevaleresques ou par des proclamations incendiaires, et d'y substituer le bon sens et l'esprit pratique. Il faut réagir contre cette fureur de parler de tout sans rien savoir et de crier fort pour cacher notre ignorance ou quelquefois notre lâcheté. Les événements glissent sur nous et ne nous apprennent rien ; et nous ferons toujours plus de cas d'un rhéteur qui nous conduira à la ruine avec de grands mots que d'un homme d'affaires qui nous sauvera sans phrases.

Cependant si, par ce qui vient de se passer, on voulait se rendre un compte exact des grandes secousses sociales qui ont agité la fin du XVIIIe siècle, et que nous n'avons connues que par les récits exagérés de gens intéressés à dénaturer la vérité des choses, le plus souvent en faveur des révolutionnaires, on estimerait à leur juste valeur les grands mots de salut public, de levées en masse et d'armées improvisées, dont on avait fait un épouvantail pour l'Europe, tandis qu'en réalité on se servait surtout des troupes organisées et exercées par la royauté. Faites tomber dans un coup de filet, comme Metz ou Sedan, l'armée de Dumouriez, ou, un an après, celle de Pichegru, et vous annulez d'un trait les victoires de la République. Que la révolution ait fait surgir des généraux, je l'accorde, mais encore je distingue: car, parmi eux, plusieurs, et des meilleurs, comme Bonaparte, Dumouriez, Desaix, Pichegru, Marmont, Kellermann, Davoust, sortant des écoles militaires royales, eussent fait d'excellents lieutenants généraux des armées du roi et, comme tels, remporté des victoires sans le secours de la Convention. La République a profité des armées formées et aguerries sous Louis XV et Louis XVI, comme Napoléon III a profité, au commencement de son règne, des troupes organisées par Louis-Philippe, et des officiers qu'avaient mis en lumière les expéditions d'Afrique.

Si l'on voulait se reporter à 1793, on reconnaîtrait encore que les massacres des otages et les assassinats du 18 mars sont bien peu de chose à côté des massacres de Septembre et de la guillotine mise en permanence; que ce qui se passait alors à Paris était répété dans toutes les grandes villes de France ; que les Raoul Rigault, les Ferré, les Delescluze, les Vermesch et les Gaston Crémieux ne sont que des enfants, comparés aux Marat, aux Danton, aux Robespierre, aux Fouquier-Tinville, aux Hébert et aux Carrier; et que, abstraction faite des idées qu'ils représentaient, des événements dont ils n'étaient que la conséquence et de leur valeur intellectuelle qui n'était pas comparable à celle des hommes de la Commune, on comprend sans peine la terreur d'abord, l'exaspération et la fureur ensuite de ceux contre qui était dirigé le mouvement, c'est-à-dire la noblesse et les royalistes.

Si Dieu avait permis que la Commune triomphât, on aurait vu sans aucun doute la bourgeoisie reprendre les traditions de la noblesse en 1793 et s'unir à l'étranger, si du moins elle en avait eu le courage, pour écraser ceux qui alors les auraient qualifiés de traîtres et de rebelles. Les Girondins de 1871 l'ont emporté, peut-être seulement parce qu'ils n'étaient pas à Paris, mais les Jacobins et les Hébertistes continuent à travailler lentement, et sûrement, à l'abri de ce gouvernement républicain qui ne peut entraver leur marche parce qu'il n'a pas d'armes suffisantes contre eux.

Or, c'est parce qu'il ne faut pas que les honnêtes gens énergiques, et qui, à aucun prix, ne veulent transiger avec les hommes de désordre, restent isolés et sans moyens de défense, en face de la révolution organisée et menaçante ; c'est parce que je ne connais pas de plus grand ennemi que celui qui s'attaque à votre vie, à votre famille, à votre propriété ; c'est parce qu'il est important d'assurer notre salut pendant qu'il en est temps encore, que je répéterai sans cesse : Comptons-nous et unissons-nous. Avant de songer à combattre l'ennemi du dehors, surveillons celui de l'intérieur, qui ne s'inquiète pas de la revanche de la nation, mais de sa revanche, à lui prolétaire.

Quelques départements de l'Ouest nous ont déjà donné l'exemple de cette ligue des honnêtes gens, mais son but est plutôt de combattre l'Internationale par tous les moyens qui sont en son pouvoir sans s'écarter toutefois des voies pacifiques. C'est bien, mais il faut plus encore ; il faut que cette association prévoie la lutte et qu'elle soit fortement organisée, surtout à Paris, parce que le danger y est plus pressant.

Un journal qui n'a cessé de parler dans ce sens, et auquel je suis heureux de rendre hommage, *le Figaro*, a eu, dans les derniers temps de l'Empire, l'idée d'une société qu'il avait qualifiée d'un nom un peu trivial, justement en raison du caractère grotesque des manifestations qu'elle avait mission de combattre ; on la nommait la *Société des Gourdins réunis*, à cause des triques dont s'armaient les membres associés, et avec lesquelles ils devaient réprimer les désordres occasionnés par une poignée de misérables gamins, l'avant-garde de la Commune.

Cet embryon révolutionnaire avait montré une telle lâcheté et excité un tel mépris, que le bâton avait paru la seule arme digne de lui être opposée.

Par le nombre et la qualité de ceux qui vinrent alors apporter leur adhésion, on peut juger du résultat que produirait un appel fait aux honnêtes gens dans des circonstances autrement sérieuses et autrement intéressantes au point de vue de leur sécurité. Il s'agit de réveiller en France l'esprit d'initiative personnelle qui ne fait que sommeiller et sur lequel l'Empire a produit l'effet d'un narcotique puissant. Il est indispensable d'échapper à cette torpeur, et puisque nous avons voulu secouer le joug du gouvernement personnel, il faut montrer que nous pouvons supporter la conséquence de nos actes.

Les membres de l'association ne devraient être recrutés qu'à bon escient, et parmi des gens offrant par leur caractère et leurs antécédents des garanties d'honnêteté et de courage. Les événements qui se sont accomplis pendant les deux dernières années ont permis à tous de faire leur devoir et ont fourni à plus d'un l'occasion de montrer ce dont il était capable. Le moment ne peut donc être mieux choisi pour appuyer sur des fondements solides les bases de cette association. Mais ce qui doit surtout la distinguer, c'est un respect absolu et sans restrictions de ce qu'ordonnera le comité directeur ou comité d'action. Je sais que c'est le point le plus difficile à obtenir d'une réunion de citoyens français, et c'est cependant ce qu'obtiennent de leurs adhérents les sociétés que nous avons à combattre. N'aurons-nous donc pas pour nous défendre le courage qu'ont ces hommes pour nous attaquer? J'ai assez de confiance dans le dévouement des conservateurs et dans les enseignements qu'ils ont dû tirer de nos récents désastres pour espérer le contraire.

Conservateurs, hommes d'ordre, honnêtes gens, de quelque nom qu'on vous appelle et à quelque parti que vous apparteniez, unissez-vous dans un commun effort contre ceux qui ont juré et jurent encore de ne plus vous épargner! Songez à l'ennemi mortel que vous léguerez à vos enfants et aux serments de haine et de vengeance qu'on inocule en ce moment aux fils de ceux que vous avez vaincus! Ils vous le disent tous les jours, et vous le sentez vous-mêmes : le rapprochement n'aura jamais lieu. Trop de gens ont intérêt à aviver cette haine. Si donc vous leur laissez un tel héritage de sang et de luttes, laissez-leur aussi le moyen de faire face au danger, sinon de vaincre, du moins de combattre.

Que Paris donne l'exemple, et la province suivra la capitale dans cette voie où l'énergie peut seule nous sauver. C'est un argument, et le seul honnête et décisif contre la décapitalisation. Le jour où l'Assemblée sentira auprès d'elle un groupe compacte, formé d'hommes convaincus et dévoués, décidés à faire respecter contre qui que ce soit et à quelque prix que ce soit son indépendance et ses décisions, parce que chacun sera solidairement responsable des conséquences qu'entraînerait leur violation, peut-être alors, mais alors seulement, consentirait-elle à se confier à une population qui lui offrirait d'autres garanties que des protestations banales ou des récriminations stériles.

Les pays voisins, moins directement menacés, ne nous imiteront peut-être pas immédiatement, mais on peut prévoir qu'ils y seront forcés tôt ou tard. On peut même dire que l'Angleterre nous a précédés dans l'application de cette idée par l'institution des policemen volontaires. Lorsque le concours des citoyens est nécessaire au maintien de la sécurité publique, ceux qui sont notoirement considérés dans leur quartier comme honnêtes gens et défenseurs de l'ordre se présentent devant le magistrat municipal, et, après avoir prêté serment, reçoivent le bâton de police.

C'est là peut-être la seule raison qui permette à l'Angleterre de servir impunément de refuge aux révolutionnaires de tous les pays.

Qu'on n'objecte pas à cela que le caractère français s'accommodera difficilement de ce genre de répression ; le jour où l'on verra que, pour assurer le maintien des lois et de l'ordre public, ce qu'il y a de plus haut placé et de plus honorable en France fera partie de la police, on regardera celle-ci d'un œil moins dédaigneux, et on ne fera pas, pour une absurde question de mots, le jeu des hommes d'anarchie et de désordre. Sachons surtout rabaisser notre incommensurable orgueil, que les revers les plus cruels n'ont pu abattre et qui résiste aux humiliations les plus amères ; car, en vérité, l'orgueil des hommes paraît grandir en proportion de leur abaissement, semblable à l'ombre que projettent les objets lorsque le soleil disparaît derrière eux à l'horizon. De même que cette ombre augmente à mesure que l'astre donne moins de lumière et de chaleur, de même aussi cet orgueil prend des proportions gigantesques tandis que les rayons de l'intelligence semblent diminuer d'éclat et d'intensité, et au moment où notre infortuné pays donne des signes certains de décadence et de décrépitude.

Je me résume : puisque cette imagination qui a fait notre force a été dirigée dans une voie funeste pour nous, sachons en faire abstraction lorsque l'intérêt du pays l'exige. Mettons à la tête du pouvoir des hommes qui sachent agir plutôt que des hommes qui sachent parler. Au-dessous d'eux, que ceux qui ont conservé assez de nobles convictions, de passions généreuses, d'amour du pays et surtout de sens pratique pour utiliser à leur profit cette puissance morale de l'esprit français, s'unissent sans arrière-pensée et avec un programme net et précis, s'imposant aux autres par l'ascendant de la raison, de l'honnêteté, du savoir et du courage. Qu'ils tâchent de ramener à eux le plus grand nombre de ceux qu'on a égarés après avoir détruit en eux toutes les saintes traditions, toutes les nobles chimères qui, en l'absence de l'instruction ou d'une fermeté d'âme bien rares aujourd'hui, peuvent rattacher les hommes au culte de l'honneur et du devoir. L'union du grand parti de l'ordre ne doit être troublée par aucune considération ayant un caractère dynastique, religieux ou personnel, et,

ne prenant pour objectif que la sécurité et la prospérité du pays, n'avoir pour adversaires que les ennemis déclarés de la société, membres de l'Internationale ou partisans de la Commune, qui ne peuvent représenter aucun parti politique.

Si j'en arrive à cette conclusion de considérer comme impossible le retour à la concorde et à la fraternité d'une fraction entière de citoyens, la faute en est surtout aux hommes qui se sont fait un marche-pied des passions qui dorment au cœur de toutes les foules pour arriver au pouvoir, et qui, plus tard, en font un instrument de despotisme ; mais je ne puis que constater la situation qu'ils ont faite au pays et qu'ils ne cessent d'aggraver tous les jours. En présence d'un danger aussi menaçant, il est du devoir de tous les gens de cœur de s'opposer par tous les moyens aux coupables manœuvres d'un parti qui, en s'intitulant républicain, a donné le coup de grâce au régime dont il se fait le défenseur.

Je le répète en terminant, le principe fondamental de la ligue des honnêtes gens doit être le respect de la volonté nationale représentée par l'Assemblée librement élue, et, par conséquent, la défense du gouvernement constitué et reconnu par elle contre toute tentative criminelle, qu'elle vienne d'en haut ou d'en bas.

C'est le seul moyen pour nous d'échapper au péril dont l'insurrection de 1871 a pu nous faire mesurer l'étendue. Gardons-nous des 18 Brumaire, des 2 Décembre, et surtout des 4 Septembre, de peur d'avoir des 10 Août, des journées de Juin et des 18 Mars. Serrons-nous autour d'un principe et non pas autour d'un homme. Il n'y a que les convictions basées sur un patriotisme large et éclairé qui puissent relever la France épuisée à l'intérieur et abaissée aux yeux de l'étranger par les luttes mesquines et intéressées de l'esprit de parti, encore plus que par les victoires de nos ennemis.

FIN.

IMPRIMERIE JOUAUST, 338, RUE SAINT-HONORÉ.